4 Avril 1898

VENTE

Des Lundi 4 et Mardi 5 Avril 1898

HOTEL DROUOT, SALLE N° 11

A DEUX HEURES UN QUART

BEAU

MOBILIER ARTISTIQUE

Époques et Styles

XVIe, XVIIe & XVIIIe SIÈCLES

Tableaux, Miniatures

OBJETS D'ART

Anciennes Tapisseries

EN PARTIE

Appartenant à Madame de S. M***

Me G. DUCHESNE	M. A. BLOCHE
Commissaire-Priseur	*Expert près la Cour d'Appel*
6, Rue de Hanovre, 6	28, Rue de Châteaudun, 28

EXPOSITION PUBLIQUE, SALLES N°s 9 & 11

Le Dimanche 3 Avril 1898

DE 2 H. A 5 H. 1/2

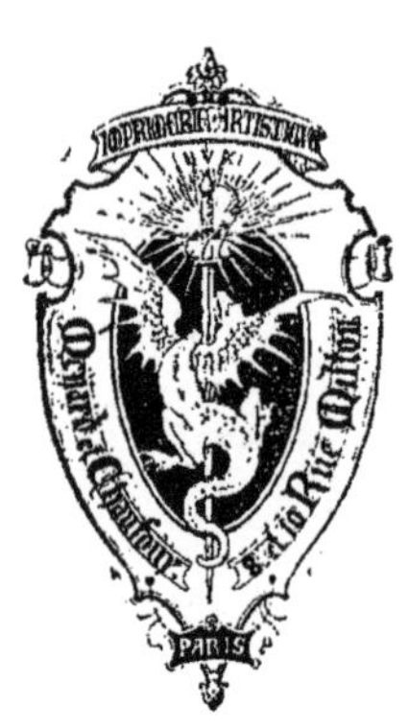

IMPRIMERIE ARTISTIQUE
PARIS

CATALOGUE

D'UN

BEAU

MOBILIER ARTISTIQUE

Époques et Styles

XVIᵉ, XVIIᵉ & XVIIIᵉ SIÈCLES

Tableaux, Miniatures

OBJETS D'ART

Sculptures, Bronzes, Porcelaines

FAÏENCES, CUIVRES, FERS

Armes, Argenterie, Bijoux

ANCIENNES TAPISSERIES VERDURES

RIDEAUX, TAPIS

EN PARTIE

Appartenant à Madame de S. M***

DONT LA VENTE AURA LIEU

HOTEL DROUOT, SALLE Nº 11

Les Lundi 4 et Mardi 5 Avril 1898

A deux heures un quart

M⁰ G. DUCHESNE	M. A. BLOCHE
Commissaire-Priseur	*Expert*
6, Rue de Hanovre, 6	28, Rue de Châteaudun, 28

EXPOSITION PUBLIQUE, SALLES 9 & 11

Le Dimanche 3 Avril 1898, de 2 heures à 5 heures 1/2

CONDITIONS DE LA VENTE

La vente sera faite *expressément* au comptant.

Les acquéreurs payeront en sus des adjudications *cinq pour cent.*

Paris. — Imp. Ménard et Chaufour, 8-10, rue Milton.

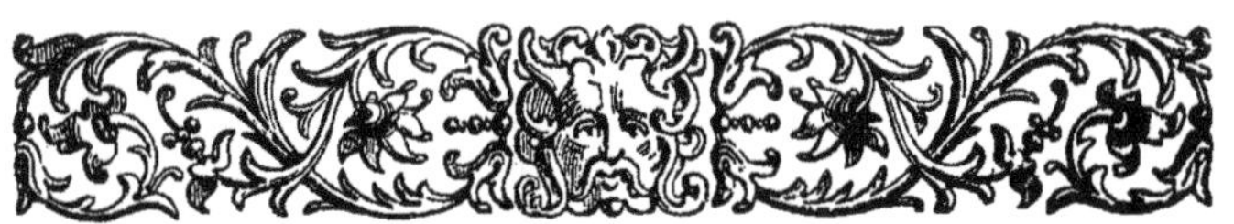

DÉSIGNATION

MOBILIER

1 — Joli cabinet en palissandre et filets de thuya
de forme monumentale, style Louis XIV. Il
ouvre à deux portes toutes garnies d'ornements en cuivre ciselé à jour sur fond de
velours rouge, modèle à ceps de vigne, reliés
à un médaillon central, offrant sur émail des
sujets religieux ; le fronton est orné d'un
groupe allégorique placé entre deux figures
d'enfants symbolisant la Foi et l'Espérance.
Il pose sur une console de même style en
palissandre sculpté plaqué d'ornements en
bronze ciselé.

2 — Beau secrétaire en bois de citronnier et amarante, montants à colonnes cannelées garnies de cuivre, encadrements à perles en bronze, dessus en marbre rouge. Époque Louis XVI.

3 — Beau bahut à deux corps en noyer sculpté ouvrant à quatre vantaux, décorés de mascarons et de fleurs en marqueterie de bois, encadrements guillochés, montants sculptés à fleurs, feuillages et mufles de lions, fronton à têtes d'anges. Travail hollandais xvie siècle.

4 — Stalle à deux compartiments en chêne sculpté, à figures d'oiseaux en ronde bosse et ornée sur un côté d'un buste d'homme sculpté.

5 — Bureau de dame en bois doré, orné sur le dessus et au pourtour de plaques en cuir, ton ivoire gravé à fleurs et fruits et surmonté d'étagères sur les côtés. Travail viennois de style chinois.

6 — Fauteuil de bureau de même travail.

7 — Canapé confident analogue.

8 — Corbeille à papier de même travail.

9 — Petite table à étagère en deux parties de même travail.

10 — Table forme rognon en acajou ornée de bronzes, garnie d'un tiroir et d'une tablette d'entrejambe, pieds cannelés, dessus en marbre avec galerie de cuivre. Style Louis XVI.

11 — Petite table à bijoux de forme Louis XV, genre vernis Martin, ornée de bronzes et de peintures à sujet galant et paysages, intérieur garni en soierie brochée.

12 — Console en acajou à fond de glace ouvrant à un tiroir orné de bronzes ciselés et dorés, supportée par quatre colonnes cannelées garnies de cuivre. Époque Empire.

13 — Table de toilette en acajou et filets de cuivre à dessus de marbre blanc. Époque Louis XVI.

14 — Table en laque du Japon, décor à fleurs en rouge et feuillage en or sur fond noir, bordure à galerie ajourée, pieds droits à filets dorés.

15 — Guéridon rond en palissandre et marqueterie de bois à fleurs posé sur trois colonnes en
cuivre supportées par un pied en marqueterie
de bois.

16 — Petite table carrée Louis XVI en acajou à
encadrement de cuivre, dessus en marbre
avec galerie ajourée.

17 — Guéridon rond en acajou sur trois pieds,
ceinture à palmes et rosaces en bronze doré,
dessus en marbre bleu turquin.

18 — Petite table de forme Louis XV en acajou,
à dessus de marbre gris avec galerie en cuivre
ajouré.

19 — Support à deux étagères en bois laqué
rouge ; celle du bas est garnie d'une coupe en
faïence japonaise sur pied en bois laqué et
plateau en cuivre gravé, le haut supporte une
jardinière en même faïence.

20 — Glace avec cadre en bois incrusté. Travail
oriental.

21 — Étagère d'applique de même travail.

22 — Support oriental en bois laqué et peint.

23 — Fauteuil viennois en bois courbé et canné.

24 — Armoire normande en chêne sculpté, fronton à corbeille de fleurs. Époque Louis XV.

25 — Buffet ouvrant à deux portes en noyer sculpté à fleurs, ferrures découpées. Époque Louis XIV.

26 — Armoire normande en bois sculpté Louis XV, décor à feuillages, montant à piécettes surmonté d'une coquille fleurie.

27 — Guéridon rond en bois sculpté à jour, décor à feuillages, pied à figures de chimères et oiseaux. Travail de l'Extrème-Orient.

28 — Chaise à haut dossier et deux autres plus petites en bois sculpté de même travail.

29 — Divan, petit canapé et six coussins garnis en étoffe fond noir à grands dessins de fleurs et fruits.

30-31 — Deux lits en bois noir avec montants et
ciels de lit garnis d'étoffes.

32 — Quatre chaises en noyer sculpté Louis XIII,
garnies d'un coussin de velours.

33 — Fauteuil en bois sculpté Louis XIII garni
d'un coussin en velours.

34 — Fauteuil en bois sculpté gothique offrant,
placées dans des niches à clochetons, des figu-
rines d'anges sculptées en relief, garniture en
tapisserie au point.

35 — Trois chaises analogues.

36 — Canapé en bois sculpté Louis XIII recou-
vert en reps vert.

37 — Table à volets en chêne sculpté, pieds cannelés et feuillagés.

38 — Lit en bois sculpté gothique, montants à
ogives, panneaux de devant décorés en relief
d'entrelacs et de feuillages.

39 — Table de nuit en bois sculpté de même
époque, ornée sur la façade d'un panneau
sculpté à ogives fleuronnées.

40 — Bahut formant lavabo en bois sculpté
Louis XIII, montants à guirlandes de feuillages et de fruits, panneaux à médaillons.

41 — Bel ameublement de salle à manger en noyer
ciré et sculpté de style Renaissance, de la
maison MAZAROS-RIBALLIER, se composant
d'un buffet-argentier, une table à rallonges,
deux dressoirs à découper et à crémaillère et
douze chaises couvertes en cuir.

42 — Belle bergère style Louis XVI, en noyer
sculpté, rehaussé d'or par parties, couverte
en étoffe fond crème, dessin vieil or.

43 — Bergère de style Louis XVI, en noyer
sculpté, couverte en soierie vert et rose.

44 — Bergère de style Louis XV en bois sculpté,
peint en blanc.

45 — Paravent à trois feuilles en bois sculpté
Louis XV.

45 *bis* — Beau cadre Louis XIV, en bois sculpté, avec sa dorure ancienne. 2^m20×1^m70.

46 — Beau meuble en bois sculpté, panneaux offrant des figures de saints, bandeau à tête de chérubin; le haut est supporté par deux colonnes torses. XVIIe siècle.

47 — Meuble-étagère en marqueterie de bois, parties sculptées, le devant à petites colonnes torses, fronton à tête d'enfant ailé au milieu de rinceaux. Travail allemand du XVIIe siécle.

48 — Console formant vasque, en bois noir sculpté rehaussé d'or, supportée par deux nègres. Style Louis XV.

49 — Six chaises en bois sculpté et ajouré, couvertes en cuir de Cordoue, fond rouge à rehauts d'or. XVIIe siècle.

50 — Fauteuil en bois sculpté, dossier ajouré, ornements à rocailles. Époque Louis XV.

51 — Banquette Louis XIII en bois sculpté, montants et pieds torses, accotoirs se terminant

par des têtes d'hommes, couverte en étoffe
granité vert.

52 — Deux belles colonnes torses en bois sculpté
rehaussé d'or, décor en relief à volatiles au
milieu de ceps de vignes et grappes de raisins,
sur socles en bois, surmontées de chapiteaux
corinthiens. xviie siècle.

53 — Table en bois sculpté, sur pieds tors reliés
par un croisillon à volutes surmontées d'une
boule. Époque Louis XIII.

54 — Glace avec cadre en bois sculpté et doré,
fronton à fond de glace représentant un *Phénix
sur des rocailles*. Époque Louis XV.

55 — Console en bois sculpté, devant représentant un *Petit Faune* au milieu de feuilles.
xviiie siècle.

56 — Etagère en bois sculpté, montants à feuillages.

57 — Petit bahut en bois sculpté, ouvrant à une
porte offrant un personnage dans un médaillon.
xviiie siècle.

58 — Vitrine à hauteur d'appui, en bois noir marqueté de cuivre et d'étain, garni de bronzes. Louis XIV.

59 — Deux lampadaires en bois peint blanc et rehaussé d'or, représentant l'*Eté* et l'*Automne*.

60 — Petite console en bois sculpté et doré, à rocailles feuillagées et fleuries, dessus en marbre rouge. Époque Louis XV.

61 — Canapé en bois sculpté, peint blanc, dessin à rocailles. Époque Louis XV. Couvert en soierie rayée fond rose et brochée à fleurs.

62 — Porte-manteau en bois sculpté et ajouré, de style gothique.

63 — Quatre escabeaux en bois sculpté, de même style.

64 — Table à un tiroir, dessus en étoffe. Style gothique.

65 — Buffet-dressoir en acajou sculpté et verni. Style Louis XVI.

66 — Desserte analogue.

67 — Colonne cannelée en bois noir.

68 — Glace avec cadre doré. Style Louis XVI.

69 — Bureau en acajou, le haut formant vitrine.

70 — Tabouret de piano.

71 — Banquette d'antichambre à dossier, couverte en moleskine.

72 — Meubles omis.

OBJETS D'ART
BIJOUX — MINIATURES

73 — Pendule Louis XVI en bronze doré, à figure de *Jeune Femme assise* et appuyée sur le cadran. Signé : BAILLON, à Paris. Socle en marbre blanc.

74 — Vase de forme ovoïde, en marbre rouge jaspé sur piédouche en bronze. Anses à têtes

de béliers, couvercle surmonté d'une pomme
de pin. Style Louis XVI.

75 — Statuette porte-montre en bois sculpté, sur
socle à bordure perlée.

76 — Presse-papier formé par une lampe genre
antique, en bronze doré, posée sur un socle en
marbre vert de mer.

77 — Deux petits bustes de jeunes femmes en
bronze, allégories au *Printemps* et à l'*Automne*. Signés : L. Cocheret. Socles en marbre
vert de mer.

78 — Statuette de jeune femme, en bronze
Louis XVI, sur socle carré en marbre vert
d'Egypte et bronze.

79-90 — Environ 100 pièces en bronze, cuivre et
fer : Ecoinçons, garnitures de meubles, gardes
et poignées d'épées, mouchettes, fourchettes,
éteignoirs, etc.

91 — Encrier en bois sculpté, ton vieil or avec
godet en ivoire.

92 — Paire de flambeaux en bois sculpté ton vieil or, parties émaillées garnies de bougies en cire bleue à ornements dorés.

93 — Deux statuettes de *Pêcheur* et de *Sonneur de trompe* en bois sculpté.

94 — Deux médaillons en bois sculpté offrant en relief les bustes de *Henri IV* et de *Marie de Médicis*.

95 — Encrier en noyer ciré surmonté d'un buste de *Satyre* en bois sculpté.

96 — Paire de chenêts en fer forgé, pieds à enroulements et coquilles, montants à supports surmontés de mascarons XVIᵉ siècle.

97 — Pelle, pincette et tisonnier en fer forgé. Modèle XVIᵉ siècle.

98 — Branche de fleur et feuillage en fer forgé.

99 — Petite statuette en bronze de *Hébert*. Petit buste de la *République* en bronze. Statuette de *Napoléon Iᵉʳ* en bronze doré.

100 — Paire de girandoles en cuivre garnies de cristaux.

101 — Lustre en cuivre garni de cristaux. Époque Louis XV.

102 — Lanterne orientale en fer peint et verre dépoli.

103-105 — Trois paires de flambeaux en cuivre Louis XIII et Louis XVI (seront divisées).

106 — Petit canon en bronze sur affut en bois de noyer avec échantillon et refouloir.

107 — Mandoline avec étui.

108 — Instrument de musique à cordes métalliques.

109 — Trois hallebardes.

110 — Cadran d'horloge en cuivre gravé et découpé.

111 — Bassin sur piédouche en cuivre gravé et argenté, travail oriental.

112 — Deux coupes en ancien émail cloisonné de Chine, fond bleu turquoise.

113 — Coffret en laque du Japon, décoré en relief de fleurs et d'oiseaux en nacre.

114 — Panneau en forme de triptique simulant l'ivoire et représentant en relief des *scènes tirées de la vie du Christ*, cadre en peluche bleue.

115 — Petit vase en vieux Saxe, décor à fleurs et rocailles, monture en bronze doré.

116 — Statuette de Silène en bronze patine verte.

117 — Vase de forme ovoïde en porcelaine de Sèvres, fond bleu à semis de fleurs piédouche en bronze à cannelures et tors de lauriers.

118 — Paire de potiches à couvercles en faïence de Delft à décor bleu.

119 — Porte-huilier en faïence avec burettes en verre.

120 — Cinq coupes et compotiers en porcelaine du Japon.

121 — Soixante-douze assiettes en porcelaine du Japon, décor à compartiments ornés de fleurs.

122 — Fontaine en vieux Japon, décor polychrome.

123 — Jardinière en porcelaine gris craquelé de Chine, décor en bleu.

124 — Douze bols en porcelaine de Chine décorés extérieurement de groupes de personnages et de cavaliers et intérieurement de fleurs.

125 — Douze assiettes en porcelaine de Chine, décor à fleurs.

126 — Service à thé et à café en porcelaine de Sèvres, gros bleu et or composé d'une théière, une cafetière, trois sucriers, trois pots à lait, dix tasses à thé, et quatre tasses à café avec leurs soucoupes.

127 — Trente-six assiettes de forme octogonale en porcelaine du Japon, décor à fleurs et feuillage en bleu et rouge rehaussé d'or.

128 — Vingt-quatre raviers en porcelaine de Chine et du Japon.

129 — Douze assiettes en faïence japonaise, décor
à fleurs et personnages.

130-131 — Sept bols et trois plats en même faïence.

132 — Douze soucoupes en porcelaine du Japon,
décorées au centre d'un vase de fleurs.

133 — Neuf coupes ou sucriers à couvercles ajou-
rés en porcelaine de Chine à décor bleu.

134 — Six sucriers en porcelaine de Chine, fond
céladon gris ornés de médaillons décorés de
branches fleuries.

135 — Sept boîtes rondes à couvercles en faïence
cloisonnée fond bleu.

136 — Douze boîtes de formes diverses en faïence
japonaise.

137 — Deux boites rondes à couvercles en porcelaine du Japon, fond noir à médaillons de fleurs
sur fond saumon.

138 — Six petitee potiches en faïence cloisonnée
fond bleu.

139 — Cinq bols en porcelaine de Chine, décor à personnages sur fond blanc.

140 — Cinq bols en porcelaine du Japon, décor polychrôme.

141-142 — Environ soixante-dix assiettes en faïence française décorées (seront divisées).

143 — MARIN (d'après). Statuette de *Bacchante*. Marbre patiné.

144 — CARRIER-BELLEUSE. *Buste de jeune fille*. Marbre patiné.

145 — MOREY. *Beau buste de jeune fille*. Style Louis XV. Marbre blanc.

146 — Paire de candélabres à trois lumières formés par des bouteilles de Satzuma montées en bronze et garnis de bougies en cire bleue à ornements dorés.

147 — Brûle-parfums en Satzuma.

148 — Coupe en Satzuma sur pied en bronze de style chinois.

149 — Lampe formée par un brûle-parfums tripode en Satzuma.

150 — Presse-papiers en Satzuma à figure de
chimère.

151 — Paire de petites bouteilles en émail cloisonné de Chine fond brun,

152 — Deux petits vases en émail cloisonné de
Chine fond bleu.

153 — Plat en ancien émail cloisonné fond gris à
médaillon.

154 — Coupe vide-poche en percelaine à décor
d'armoiries, monture en bronze.

155 — Vase en craquelé de Chine, décor à personnages.

156 — Paire de vases en porcelaine de Chine, décorés de personnages et d'objets d'ameublement sur fond blanc.

157 — Plateau en porcelaine de Jacob. Petit décor
à sujet galant, anse en bronze.

158 — Jardinière en porcelaine formée par une
corbeille supportée par un tronc d'arbre avec

figurine de *Jeune homme posée sur un terrassement fleuri*.

159-160 — Six plats en faïence décorée de diverses fabriques.

161 — Ravier de forme triangulaire en faïence, bordure à feuille de choux.

162 — Lustre de salon en bronze doré garni de cristaux. Style Louis XV.

163 — Lanterne de vestibule ornée de vitraux.

164 — Plat en cuivre jaune : *Adam et Eve*. XVIIe siècle.

165 — Autre plat modèle à rosaces.

166 — Paire d'appliques en cuivre à deux lumières.

167 — Pichet en cuivre rouge à armoiries.

168 — Ecusson en cuivre. XVII° siècle.

169 — Statuette en terre cuite : *La Baigneuse orientale* de LENOIR. Signée.

170 — Fontaine sur trois pieds en ancienne faïence de Nevers, décor en bleu à volatiles et branchages, couvercle et robinet en cuivre jaune.

171 — Paire de vases en cuivre repoussé et argenté, décor à feuillages et médaillons. Époque Louis XIII.

172 — Cruche forme *Buveur sur un tonneau*, en faïence de Nevers.

173 — Potiche de forme lobée en ancienne faïence de Delft, décor à médaillons de branchages en bleu sur blanc.

174 — Potiche en ancienne faïence de Delft, décor en bleu sur blanc.

175 — Quatre statuettes d'Italiens représentant les *Saisons* en terre cuite peinte. Travail allemand du XVIIe siècle.

176 — Buste de femme en terre cuite : *Flore*, socle en bois. Signé : SCETO.

177 — Deux cornets en ancien émail cloisonné de Chine, décor polychrome.

178 — Fontaine en étain, anses, pieds et robinets en cuivre jaune. XVIIe siècle.

179 — Deux chenêts en fer forgé surmonté de boules cannelées en cuivre jaune.

180 — Deux gourdes en ancienne faïence de Delft décor en bleu à lambrequins.

181 — Cartel en bois sculpté représentant un *Soleil.* Époque Louis XIV.

182 — Paire de jolies appliques ornées de cristaux, montées sur fond de peluche rose. Epoque fin Louis XVI.

183 — Lustre à huit lumières en bronze orné de cristaux. Époque Louis XIV.

184 — Paire de chenêts en bronze ciselé et doré, offrant des vases sur balustrades. Époque Louis XVI.

185 — Deux chenêts en cuivre poli, boules sur galeries. Louis XVI.

186 — Statuette en bronze patine verte représentant *Pénélope assise*, de PRADIER. Socle en bois.

187 — Deux grandes buires en faïence italienne, décors champêtres.

188 — Jardinière en terre cuite polychromée.

189 — Garniture de cheminée en faïence émaillée, décor à fleurs.

190 — Statuette en terre cuite : *Jeune garçon*.

191 — Tête-à-tête en porcelaine décorée.

192 — Paire de vases en faïence da Pessaro.

193 — Figurine en terre cuite.

194 — Jardinière en faïence émaillée.

195 — Petit lustre flamand à six lumières en cuivre jaune. XVIIe siècle.

196 — Grand pichet en étain. XVIIᵉ siècle.

197 — Deux cafetières en étain à gaudrans et perlés. XVIIᵉ siècle.

198 — Jolie bague en or enrichie d'une perle fine grise entourée de brillants.

199 — Bague en or ajouré ornée au centre d'un saphir, d'un brillant, d'un rubis, et sur le corps de roses.

200 — Bague en or enrichie de roses. Époque Louis XV.

201 — Paire de boucles d'oreilles en or avec strass.

202 — Autre ornée de perles fausses.

203 — Glace ovale à chevalet, avec cadre en argent à perlés.

204 — Bouilloire en métal argenté, poignée en ivoire, couvercle surmonté d'un aigle.

205 — Broc en métal anglais argenté.

206 — Écritoire on porcelaine formé de groupes de personnages chinois et de vases.

207 — Groupe en porcelaine d'Allemagne : *L'Enfant au berceau.*

208 — Deux groupes en porcelaine de Saxe : *Les Joies de la famille.*

209 — Cuvette en émail de Chine, décor à personnages.

210 — Broc en émail de la Chine, décor à fleurs.

211 — Flambeau bouillote, à quatre lumières en bronze poli.

212 — Couvert composé d'une fourchette, un couteau, une cuiller à soupe et une cuiller à café en vermeil. Travail russe.

213 — Buire en terre cuite, anse formée par un diablotin. Signée HUZELIN.

214 — Paire d'appliques Louis XVI, en bronze ciselé et doré à cinq lumières.

215 — Groupe en porcelaine de Saxe : *Les Amours peintres.*

216 — Groupe en porcelaine de Saxe : *La Jardinière.*

217 — Figurine en porcelaine de Saxe : *Servant, au tonneau.*

218 — Figurine en porcelaine de Saxe : *Amour à l'autel.*

219 — Statuette en porcelaine de Saxe : *Petite fille jouant avec un mouton.*

220 — Groupe en biscuit peint : *La Jeune mère.*

221 — Chien en porcelaine d'Allemagne.

222 — Écritoire forme cœur en ancienne porcelaine, de CHARLES THÉODORE, décor ajouré et gaufré à fleurs.

223 — Moutardier et quatre salières en argent à figures d'enfants tenant des guirlandes. Époque Louis XVI.

224 — Deux carafes hollandaises en verre gravé et à saillies, montures en argent.

225 — Vase en métal repoussé et argenté, anses à chimères ailés. Style Renaissance,

226 — Chope en grès émaillé représentant *les Apôtres*, avec inscriptions et date 1702, monture en étain.

227 — Deux pots en grès de Flandre, décor à figures et ornements sur fond bleu.

228 — Plat en argent à bords festonnés et coquilles Louis XV.

229 — Grande miniature ovale : *Portrait de Marie-Thérèse de Savoie.*

230 — Miniature : *Mme Récamier assise.*

231 — Miniature ovale : *Portrait de Mme de Villeneuve.*

282 — Miniature ovale : *Portrait d'Henriette de Bourbon-Conti.*

233 — Miniature : *Portrait de l'Impératrice José-phine.*

234 — Bonbonnière en ivoire avec miniature.

235 — Écrin contenant une miniature : *Portrait de femme.*

236 — Gouache : *Diane endormie*, cadre en bois sculpté Louis XVI.

237 — Miniature : *Groupe de personnages* Louis XV.

237 *bis* — Miniature : *Portrait de jeune femme.*

238 — *Mme Henriette de Bourbon-Conti*, d'après NATTIER, miniature ovale sur ivoire.

239 — Miniature ovale sur ivoire : *Mme Récamier*, d'après GÉRARD.

240 — Miniature ronde sur ivoire : *Jeune femme en toilette décolletée*, enguirlandée de roses.

241 — Miniature ronde sur ivoire : *Jeune femme, en toilette décolletée*. Époque Louis XVI.

242 — Miniature : *le Lever*, d'après Saint-Aubin.

243 — Miniature : *Sujet galant*.

244 — Miniature : *Portrait de femme*.

245 — Miniature : *Portrait de femme Empire*.

246 — Miniature : *la Famille royale*.

247 — Bonbonnière avec miniature sur le couvercle.

248 — Pélerine en dentelle point de duchesse.

ARMES

249 — Épée de cérémonie du roi de France Louis-Philippe avec initiales ciselées dans la coquille.

250 — Épée de parade de Louis-Antoine de Bourbon, duc d'Angoulème, généralissime et grand amiral de France. Armoiries ciselées.

251 — Sabre du même avec initiales L. A. enla-
cées sous la couronne des Enfants de France.

252 — Épée du maréchal de France Baraguay-
d'Hilliers.

253 — Épée de mousquetaire Louis XIII.

254 — Sabre en damas, de Don Pedro, empereur
du Brésil.

255 — Sabre de mousquetaire Louis XVIII, extrê-
mement rare.

256 — Sabre-épée de mousquetaire Louis XV.

TAPISSERIES, TENTURES, TAPIS

257 — Deux belles tapisseries, verdures, avec
leurs bordures.

258 — Paire de rideaux en velours grenat.

259 — Grande carpette décor polychrome.

260 — Beau tapis moquette rose décor ton sur ton
de style Louis XV.

TABLEAUX

261 — ALLONGÉ. Trois paysages au fusain.

262 — DESPORTES (attribué à). *Chien de chasse.*

263 — FRANQUES. *Bergère fuyant l'orage.* Dessin.

264 — GOUGELET. *Dans le verger.*

264 *bis* — GOUGELET. *A Trianon.* Panneau décoratif, pendant du précédent.

265 — MAILLARD. *Jeune Italienne.*

266 — OUDRY. *Chien en arrêt.* Beau panneau dans un cadre en bois sculpté à coquilles et guirlandes, de l'époque.

267 — PIERRE. *Le Repos de Diane et de Vénus.* Très beau dessus de porte.

268 — TOURNIÈRES (attribué à). *Portrait de grande dame en costume de cour.* Cadre en bois sculpté et doré de l'époque.

269 — WATTEAU (attribué à). *La Promenade sur l'eau.*

270 — WEENIX. *Chien de chasse et gibier.*

271 — ÉCOLE ANCIENNE. *La Vierge et l'enfant.* Cadre en bronze ciselé.

272 — ÉCOLE ANGLAISE. *Vase de fleurs.*

273-274 — ÉCOLE FLAMANDE. *Portraits d'homme et de femme assis.*

275 — ÉCOLE ITALIENNE. *Jeune mère avec son enfant.* Dessin encadré.

276-280 — ÉCOLE MODERNE. Sujets divers. Cinq aquarelles.

281 — ÉCOLE MODERNE. *Vue du lac de Thoune.*

282 — ÉCOLE MODERNE. *Vue de Suisse.*

283 — ÉCOLE MODERNE. *Paysage au bord d'un lac.* Effet de nuit.

284-291 — Quinze pièces encadrées : peintures. Dessins gravures (seront divisées).

292-300 — Trente pièces non encadrées, peintures, dessins, études (seront divisées).

301 — Objets omis.